PROCÈS

DE

LA GAZETTE DES TRIBUNAUX,

AU SUJET DE L'ARTICLE

SUR LES ARRESTATIONS ARBITRAIRES,

RÉDIGÉ

PAR M. ISAMBERT,

AVOCAT A LA COUR DE CASSATION.

Une grande controverse va s'établir devant les tribunaux au sujet de la doctrine émise dans cet article, sur le droit d'arrestation.

La liberté des citoyens est renfermée tout entière dans la question à résoudre.

Il nous a paru nécessaire pour éclairer la Justice, et l'opinion publique sur ce point, de lui remettre sous les yeux les pièces du procès.

N°. Ier. Extrait de la *Gazette des Tribunaux* du 14 septembre 1826.

Des Arrestations arbitraires sur la voie publique.

On a demandé à la *Gazette des Tribunaux* quelles étaient les garanties que la loi accorde aux citoyens pour protéger leur liberté individuelle contre les arrestations arbitraires et les violations de domicile. Nous avons sollicité et obtenu la réponse suivante, à la première partie de la question ; on nous fait espérer la réponse à la seconde pour un de nos prochains numéros.

Notes de M. Isambert en réponse à la demande à lui faite.

Depuis quelque temps les arrestations arbitraires se multiplient de la part des derniers agens employés dans la police, et presque toujours les victimes de ces actes arbitraires restent sans réparation, comme on vient de le voir à l'égard du sieur Cornille, qui même a été condamné aux frais de la procédure.

Est-ce la faute de la loi? est-ce la faute des citoyens? Nous croyons que si les citoyens connaissaient bien leurs droits et les garanties que la loi leur accorde, ils ne seraient pas exposés à tant de vexations. Pour être libre, il faut commencer par le vouloir, et s'enquérir dans quel cas les agens de la force publique et les officiers de police judiciaire ont droit d'arrestation.

Nous avons été témoins de quelques faits, qui pourront éclairer le public sur la résistance qu'on est en droit d'opposer à ces délégués inférieurs de l'autorité. En passant dans une des rues les moins fréquentées de Paris, nous apercevons une pauvre femme maltraitée en paroles par un individu qui lui disait: *Allons, suivez-moi.* Je m'approche et m'informe du motif de cette réquisition. Cette femme me dit: « Je n'ai rien fait; je ne sais ce qu'on me veut. » Je demande à l'individu pourquoi il se permet d'intimer de pareilles ordres. Il tire de son sein une carte indiquant qu'il appartenait à la police. Je lui demande s'il a l'ordre d'un magistrat, ou si cette femme a commis un crime? Non, me repondit-il; mais je veux la conduire chez le commissaire, parce qu'elle a refusé de répondre à mes questions. « Je dis à cette femme ne le suivez pas, il n'a pas d'ordre à vous donner. »

Cet individu, irrité de mon intervention, s'en vient à moi, me menace à mon tour; je méprisai ses menaces, et continuai paisiblement mon chemin.

Si parce qu'un agent de police, se disant officier de paix ou montrant un signe caractéristique, intime à un citoyen l'ordre de le suivre, *au nom du Roi*, et se fait appuyer au besoin par quelques estafiers, le citoyen doit-il obéir? Non certainement s'il ne se sent pas coupable, et le tort du sieur Cornille a été d'obtempérer à un ordre de cette nature. La loi n'a confié le droit d'arrestation qu'aux magistrats.

Même en cas de flagrant délit, le droit d'arrestation n'appartient jamais aux officiers de police judiciaire, c'est-à-dire aux commissaires de police, et dans les lieux où il n'y en a pas, aux maires et à leurs adjoints, aux juges de paix, aux *officiers* de gendarmerie, aux commissaires-généraux de police, aux procureurs du Roi et à leurs substituts, que pour les faits qualifiés *crime* par la loi, ceux qui entraînent des peines afflictives ou infamantes (art. 40 du Code d'instruction criminelle). Or, ces faits sont assez graves par eux-mêmes pour que tout citoyen, auquel un pareil crime est imputé par la clameur publique, qui constitue le flagrant délit, sente le besoin de justification : la fuite en pareille circonstance serait un indice de culpabilité.

Hors de ces cas, dont chacun peut apprécier par lui-même la gravité, les faits qui ne constituent que de simples délits ou des infractions aux lois de police, ne donnent pas aux officiers de police judiciaire le droit d'arrestation envers les citoyens *domiciliés;* et il est déplorable de voir que dans notre pays de simples gendarmes, ou des sous-officiers de gendarmerie, ou des agens inférieurs de la police, officiers de paix et autres, se permettent de menacer à chaque instant les citoyens de les arrêter et de les conduire à la préfecture de police.

Nous avons vu beaucoup de faits de ce genre ; mais nous devons ajouter que ceux qui connaissent leurs droits ont bravé ces menaces avec succès. Voici un fait dont nous avons été témoin oculaire :

Un citoyen avec sa famille monte dans une voiture de place, sous la condition de partir de suite pour les environs, et fait son prix en conséquence : selon l'usage, le cocher qui était au dernier rang feint de partir, mais il va à la tête de la place pour recruter un ou deux voyageurs qui lui manquaient encore. Cependant la voiture ayant quitté son rang, les cochers de la place disent au citoyen de mettre le cheval au pas et de partir : le cocher qui s'en aperçoit court après sa voiture ; une discussion s'engage ; il veut ramener la voiture sur la place ; le citoyen voyant alors un gendarme passer sur la contr'allée l'appelle ; celui-ci vient, et sans se donner la patience d'écouter : « Sachez, dit-il, que je ne suis pas gen-
» darme, mais brigadier ; vous n'avez pas le droit de con-
» duire le cheval du cocher, et je suis en droit de vous
» mener à la préfecture de police. — Vous, répond le
» citoyen, vous n'en avez pas le droit ; voici mon nom et
» mon adresse ; je soutiens que c'est le cocher qui a tort ;
» eût-il raison, vous n'avez aucun droit sur ma personne,
» et je ne vous suivrai pas à la préfecture. Peu m'importe
» que vous soyez brigadier ou gendarme, je ne vous recon-
» nais pas le droit d'arrestation, et si je faisais une plainte
» contre vous, je ne sais comment vous vous en tire-
» riez. »

Cette discussion avait attiré beaucoup de multitude ; le gendarme confus, n'osa pas, en présence des témoins, se livrer à des actes de violence ; il laissa la voiture continuer son chemin. S'il ne l'avait pas permis, le citoyen aurait dû prendre les noms des personnes présentes, et sommer le gendarme de dire le sien. Une plainte en arrestation ou en acte arbitraire, lui eût appris ses devoirs.

Toutes les fois qu'un officier de paix ou autre agent de police se permet d'ordonner des arrestations, la résistance est permise ; car ils ne sont pas qualifiés par la loi officiers de police judiciaire. Elle est permise, non seulement d'une manière passive, comme envers la gendarmerie ; c'est-à-dire, en ce sens, qu'on a le droit de refuser de marcher et d'appeler les citoyens pour constater les actes de violence dont on serait l'objet ; mais elle pourrait être offensive ; c'est-à-dire que la personne arrêtée pourrait user de la défense personnelle, et repousser la violence par la violence. Il n'y aurait pas dans ce cas rébellion, parce que les agens de police n'ont aucun caractère légal ; parce que leur mission se borne à surveiller la voie publique, et à rendre compte aux commissaires de police et autres officiers de police judiciaire.

On dit que M. le Préfet de police, que la loi qualifie officier de police judiciaire, remet à des agens inférieurs de police des mandats en blanc ; il doit y avoir erreur en ce point. D'après l'art. 10 du Code, ce magistrat peut faire *personnellement* tous les actes de police judiciaire ; il peut aussi déléguer le droit de faire ces actes ; mais à qui ? à ceux-là seulement qui sont qualifiés par la loi elle-même officiers de police, et non à d'autres ; et dans ce cas, l'officier délégué agit sous sa responsabilité personnelle, c'est-à-dire qu'il ne peut arrêter les citoyens que dans le cas de flagrant délit ; autrement il doit adresser ses procès-verbaux aux procureurs du Roi, et provoquer une instruction.

En résumé, c'est la faute des citoyens s'ils sont opprimés par les agens subalternes de la force armée ou de la police ; c'est leur faute si, sommés illégalement de les suivre, ils ne résistent pas. En appelant à leur secours, les citoyens présens sur le lieu de l'exécution, et qui sont, aussi bien que les agens de l'autorité, juges du flagrant délit ; en demandant l'exhibition de l'ordre du magistrat, et en offrant de donner leur nom et leur adresse, ils éviteraient toujours une injuste arrestation.

Il faut aussi qu'ils n'oublient pas, que dans cette résistance ils doivent s'abstenir de toute expression injurieuse envers les agens de la force publique.

Si l'on commet à leur égard quelques violences, ils doivent prendre le soin de prier les citoyens présens d'en demeurer les témoins et de leur donner leurs noms et adresses. Si l'agent de l'autorité empêchait cette communication, ce serait un crime véritable, digne d'un châtiment exemplaire, et les citoyens présens à un acte aussi odieux se devraient à eux-mêmes et à leur pays de rendre plainte de l'arrestation dont ils ont été les témoins, des actes de violences exercées, et du refus de communication : ils devraient suivre la personne arrêtée jusqu'au lieu où on la déposerait. Enfin les journaux sont ouverts aux réclamations de ce genre : c'est un droit et un devoir des citoyens d'user de cette publicité dans toutes les circonstances où elle peut être utile.

Je le répète en finissant, il ne manque à chacun pour faire respecter ses droits, que de le vouloir.

Isambert,

Avocat à la Cour de Cassation.

Cet article a été répété mot pour mot dans *l'Echo du Soir* le 15, avec l'épithète *article excellent*, et dans le *Journal du Commerce* le 16, dans les termes suivans :

N°. II. *Extrait du* Journal de Commerce *du* 16 *Septembre.*

« La *Gazette des Tribunaux* a publié un article signé de
» M. Isambert, et dans lequel ce savant jurisconsulte fait
» connaître les garanties que la loi accorde aux citoyens
» pour protéger leur liberté individuelle contre les arresta-
» tions arbitraires. C'est une instruction dont le public ne
» saurait trop se pénétrer, et nous croyons de notre devoir
» de la propager et de la recommander autant qu'il est en
» nous ; faute de pouvoir la publier en entier, nous allons
» du moins en extraire ce qu'elle contient de plus essen-
» tiel. »

N°. III. *Réquisitoire du Procureur du Roi* (14 Sept. 1826).

Vu le journal, etc.

Vu dans icelui, l'article intitulé, etc.

Attendu que cet article contient dans son ensemble :

1°. Une provocation directe à la résistance, avec violence et voies de fait, à l'attaque, à la rébellion, non seulement passive, mais encore offensive envers la force publique, et les officiers ou agens de la police administrative ou judiciaire, agissant pour l'exécution des lois, des règlemens ou ordonnances de l'autorité publique ; lesquelles attaques, résistance et voies de fait, pourraient, suivant les circonstances, caractériser les délits prévus par les art. 209, 210, 211, 212 et 218 du Code pénal ;

2°. Une provocation directe à la désobéissance aux lois qui donnent à la force publique et aux officiers ou agens de la police judiciaire (à chacun, dans la juste limite de ses attributions), le soin de rechercher les crimes, les délits, les contraventions, d'en rassembler les preuves, et d'en livrer les auteurs aux tribunaux qui doivent les punir.

Attendu que cette double provocation, rendue publique par la voie d'un journal, constitue les délits prévus et réprimés par les articles 1 et 6 de la loi du 17 mai 1819, et que notamment elle rentre dans les dispositions desdits articles, parce qu'il ne paraît pas que jusqu'à présent, elle ait été suivie d'aucun effet ;

Attendu que ces délits sont imputables :

1°. Au sieur Isambert, signataire de l'article ;

2°. Aux propriétaires, éditeurs et rédacteurs de la *Gazette des Tribunaux*, lesquels déclarent en tête dudit article, qu'ils l'ont sollicité et obtenu, et qui, par conséquent, l'ont publié sciemment ;

3°. A l'imprimeur Anthelme Boucher.

Requiert qu'il soit informé. *Signé* TARBÉ.

N°. IV. *Interrogatoire de M. Isambert.* (15 Septembre.)

D. Reconnaissez-vous, pour l'avoir écrit et composé, l'*article* ayant pour titre, etc. ?

R. Je suis l'auteur de cet *écrit*, à l'exception des sept premières lignes qui en font le préambule.

D. Comment cet article est-il parvenu à l'éditeur de la *Gazette* ?

R. Je l'ai envoyé manuscrit sur la demande qui m'en a été faite par le rédacteur, d'après le désir exprimé dans une lettre par un de ses correspondans ; cette lettre m'avait été communiquée pour satisfaire, par forme de consultation, à la question de savoir quand les arrestations pouvaient être considérées comme légales ou illégales.

D. Si tel était l'objet de la question, il faudrait reconnaître que vous en avez étrangement abusé, pour enseigner publiquement les principes de la révolte et de la désobéissance envers les agens de l'autorité ?

R. J'ai répondu en mon âme et conscience, comme jurisconsulte et comme citoyen, d'après la loi; loin d'enseigner publiquement la désobéissance et la révolte envers les agens de l'autorité, j'ai, au contraire, fait la distinction entre l'obéissance due aux magistrats, et l'obéissance réclamée par ceux qui ne le sont pas; mon écrit s'adresse aux agens de la police administrative, qui n'ont aucun droit d'arrêter les citoyens, et dont les attributions doivent se borner à la surveillance de la voie publique.

D. L'explication que vous donnez actuellement, se trouve repoussée par la lecture même de votre écrit, où vous ne vous êtes pas seulement borné à faire une distinction pacifique entre les cas où les agens de l'autorité administrative pourraient légalement agir, puisque vous y enseignez positivement que les personnes arrêtées peuvent dans certains cas user de la défense personnelle, pour repousser la violence par la violence, et appeler à leur secours les citoyens présens sur le lieu de leur arrestation ?

R. Elle est parfaitement conforme à l'écrit qui est relatif aux arrestations arbitraires; car je ne reconnais à aucun agent de l'autorité administrative le droit d'arrêter les citoyens. Le cas de résistance que j'admets n'est donc que pour ce cas; cela est si vrai que pour les gendarmes, qui ne sont point officiers de police judiciaire, je ne reconnais aux citoyens que le droit de résistance passive à leur égard.

D. Il est étonnant qu'un avocat à la Cour de cassation se permette de professer de pareilles doctrines, quand la Cour suprême a, par tant d'arrêts, solennellement proclamé le principe, qu'avant tout les citoyens doivent obéissance aux agens de l'autorité, sauf l'exercice légal du droit de plainte et de prise à partie ?

R. Les avocats à la Cour de cassation y ont plaidé, sans être censurés par elle, que la résistance même offensive envers les agens de la force publique, était permise, lorsqu'ils agissaient sans mandat légal du juge ; dans l'écrit dont il s'agit, je n'ai pas été aussi loin ; car je me suis restreint à exposer que pour le cas dont il s'agit, on pouvait résister passivement. La doctrine de la Cour de cassation ne s'applique qu'aux agens qui ont un caractère légal.

N°. V. *Interrogatoire de M. Darmaing, rédacteur en chef de la* Gazette des Tribunaux. (15 Septembre.)

Il reconnaît l'article inséré dans le N°. du 14.

D. Comment cet article est-il parvenu en votre possession, et par qui a-t-il été composé ?

R. Depuis que plusieurs agens de police ont été mis en jugement pour des arrestations arbitraires, j'avais reçu, en ma qualité d'éditeur de la *Gazette*, plusieurs lettres pressantes, par lesquelles on me demandait de faire connaître quelles sont les garanties individuelles qui dérivent de la loi, et par quels moyens les citoyens pouvaient s'opposer aux arrestations arbitraires.

En conséquence je crus devoir consulter, sur cet objet, Me. Isambert, avocat, qui m'envoya en réponse l'*article* dont il s'agit. Je l'ai lu attentivement, et l'ayant trouvé conforme à mes principes et aux lois, je n'hésitai pas à le publier. D'ailleurs, quant aux erreurs de droit qu'on aurait pu y rencontrer, il m'a paru que je n'avais pas même à m'en inquiéter, en voyant qu'il était revêtu de la signature d'un avocat à la Cour de cassation et aux Conseils du Roi.

N°. VI. *Interrogatoire de M. Boucher, imprimeur.* (15 Septembre.)

Il n'a point eu connaissance de l'article.

N°. VII. *Réquisitoire de M. Tarbé, avocat du Roi, à l'effet que MM. Isambert et Darmaing représentent et déposent les lettres dont ils parlent dans leurs reponses aux interrogatoires.* (18 Septembre.)

N°. VIII. *Lettre de M. Franchet, directeur-général de la police, contenant renvoi du* N°. de l'Écho du Soir, *du* 15 *septembre.* (18 septembre.)

N°. IX. *Réquisitoire contre Cardon, éditeur responsable du* Journal du Commerce, *et contre l'imprimeur.* (20 Septembre.)

N°. X. *Réquisitoire contre les Redacteurs, Editeurs et Propriétaires de* l'Echo du Soir, *et Gautier Laguyonie, imprimeur.* (21 Septembre.)

N°. XI. *Interrogatoire de M. Darmaing.* (22 Sept. 1826.)

Il dépose deux lettres anonymes qui traitent des matières contenues dans l'article. « J'en ai reçu un plus grand nombre ; mais les unes ont été mises au panier, et les autres étant signées ne peuvent sortir de mes mains sans l'autorisation des signataires. »

D. Qu'est devenue la lettre adressée à M. Isambert ?

R. M. Isambert doit l'avoir en sa possession ; elle était contenue dans une lettre de moi ; elle était signée autant que je puis me le rappeler, et m'était parvenue par la poste : dans ma lettre à M. Isambert, je lui demandais de me faire connaître son avis sur la question qui nous était soumise.

D. Dans quels termes M. Isambert vous a-t-il adressé sa réponse ?

R. Je ne me rappelle pas si l'article qu'il m'a envoyé était accompagné d'une lettre d'envoi, ou seulement sous enveloppe.

D. M. Isambert savait-il que l'article qu'il vous adressait serait inséré dans votre journal ?

R. Je pense qu'il le présumait.

D. Est-ce que vous ne lui aviez pas demandé formellement un article pour le publier ?

R. Je m'étais borné à lui demander son avis, sans lui faire connaître d'une manière formelle l'usage que j'en ferais.

N°. XII. *Premiere lettre déposée par M. Darmaing.*

Paris, 17 août 1826.

AU RÉDACTEUR.

Monsieur, vous avez jusqu'à présent rendu compte, avec beaucoup de soin et d'exactitude, des affaires dans lesquelles nous avons vu figurer sur les bancs de la Cour d'assises des agens de police, accusés d'arrestations arbitraires.

Mais comment se fait-il que vous n'ayez encore inséré aucun article dans votre excellent journal, sur les graves questions que ces affaires soulèvent tout naturellement.

Dans quels cas une arrestation est-elle légale ? dans quels cas est-elle arbitraire ? quels sont les moyens par lesquels les citoyens peuvent légalement s'opposer à une arrestation arbitraire, soit sur la voie publique, soit dans son domicile, etc., etc.

On regrette d'autant plus de n'avoir pas encore vu ces questions traitées dans la *Gazette des Tribunaux*, qu'elles sont tout-à-fait de son ressort, et qu'elle doit surtout s'attacher à surveiller tout ce qui intéresse la liberté individuelle. Il n'y a là ni politique ni esprit de parti. Tous les citoyens, quelle que soit leur opinion, doivent désirer de voir cesser les pouvoirs exorbitans et illégaux attribués à des agens de police, que la loi ne reconnaît pas, et qui sont pris pour la plupart dans l'écume de la société.

Ne devrait-on pas enfin replacer la police sous la surveillance immédiate et sous la dépendance de la magistrature? Je vous en supplie de nouveau, éclairez-nous sur ces importantes questions; vous accomplirez un utile devoir, et tous les bons citoyens vous en seront reconnaissans.

Un de vos Abonnés.

N°. XIII. *Seconde Lettre.*

Paris, 1er. septembre 1826.

Monsieur, nous savons combien vous êtes gêné par le peu d'espace de votre journal, qui vous permet à peine de rendre compte de toutes les affaires importantes. Vous ne pouvez vous livrer à la discussion des hautes questions qui se rattachent aux causes judiciaires; espérons que bientôt vous gratifierez le public d'un journal plus étendu, plus digne de son objet, et de la gravité des matières dont il s'occupe.

Cependant il est des questions qui embrassent si directement toutes les classes de citoyens, et qui rentrent tellement dans le cadre de votre feuille, que vous ne pouvez pas vous dispenser de les traiter, sans manquer à votre mission. Telles sont celles surtout qui se rattachent aux garanties accordées par les lois à la liberté individuelle. Quelles sont ces garanties ? Quels sont les cas dans lesquels une arrestation est ou n'est pas arbitraire ? Quels sont les moyens d'opposition dont les citoyens peuvent légalement user, etc. ?

Si vous traitiez ces questions de manière à faire connaître à chacun ses droits et ses devoirs, vous rendriez, Monsieur, un immense service à la société ; et remarquez que vous pouvez le faire sans afficher aucune opinion politique, et sans vous écarter, par conséquent, de la ligne de sagesse, de modération et d'impartialité que vous suivez avec une constance digne d'éloges, et qui vous mérite la confiance publique.

N°. XIV. *Interrogatoire de M. Isambert.* (27 Septemb.)

D. Êtes-vous dans la disposition de rapporter les différentes lettres que vous avez reçues de M. Darmaing pour la composition de l'article inséré sous votre nom ?

R. Je suis dans l'habitude de répondre aux diverses questions de droit, qui sont adressées au rédacteur de la *Gazette des Tribunaux*, alors que ceux-ci sont dans l'impossibilité d'y faire une réponse par eux-mêmes : suivant l'occurrence je leur donne mon avis, tantôt par écrit, tantôt verbalement, en passant au bureau de la rédaction. Relativement à l'article dont il s'agit, j'ai reçu directement des rédacteurs, mais sans aucune lettre d'envoi, une lettre signée, par laquelle un de leurs correspondans leur demande de faire connaître, par la voie de leur journal, ce qui était légal ou illégal dans les arrestations. Sur cette lettre, qui était ouverte, les rédacteurs ont inséré seulement ces mots : « Nous prions

M. Isambert de nous mettre à même de répondre ; » ce que j'ai fait depuis. Cette lettre est restée en ma possession, et j'ignore ce qu'elle est devenue ; bien que d'ailleurs je l'aie fait rechercher soigneusement dans le désir d'obtempérer à votre sommation. Je pense qu'elle s'est trouvée ainsi égarée dans mon cabinet, parce que par sa nature elle ne pouvait être classée dans aucun dossier. Au reste, je dois observer que l'article que j'ai soumis à la *Gazette* n'était signé que de mon nom, sans être accompagné de ma qualité, ainsi qu'il en a été fait l'addition dans la feuille du journal.

D. Pouvez-vous indiquer le nom du signataire de la lettre que vous prétendez avoir reçue ?

R. Quoiqu'elle ne fût pas déguisée, cette signature m'a paru illisible ; mais depuis j'ai vérifié au bureau de la rédaction, qu'on avait reconnu l'écriture et la signature au point même qu'on m'a montré sur le registre le nom de la personne : mais je ne pense pas pouvoir l'indiquer, sans la participation de M. Darmaing, qui me l'a fait connaître.

D. En répondant à cette lettre, était-il dans votre intention que votre réponse fût imprimée et publiée ?

R. J'ai envoyé cet article à la *Gazette*, dans la pensée que cet article pourrait être publié, si toutefois les rédacteurs reconnaissaient que la publication dût être utile : toutefois avec l'intention, que comme c'étaient eux seuls qui étaient chargés de revoir les épreuves, ils demeureraient responsables du plus ou moins de convenance de la rédaction. Ce qui le prouve, c'est que dans l'article dont il s'agit, ils ont cru devoir faire différens changemens, indépendamment de l'addition qu'ils ont faite à ma signature, de ma qualité.

N°. XV. *Interrogatoire de M. Cardon, Editeur-responsable du* Journal du Commerce. (4 Octobre.)

Il a lu l'article avec attention, et comme il ne lui a paru contenir aucun principe contraire aux lois, il n'hésita pas à le faire insérer par extrait dans le journal, pensant qu'il pouvait être utile de le rendre public.

D'ailleurs, le nom de M. Isambert lui a paru une garantie suffisante contre les conséquences de la publication.

M. Selligue, imprimeur, a imprimé sans connaissance de cause.

N°. XVI. *Interrogatoire de M. Cousinery-Saint-Michel, Rédacteur de* l'Echo du Soir. (14 Octobre.)

L'insertion de cet article dans une de nos feuilles a donné matière à quelques discussions parmi les rédacteurs, et après un mûr examen, il a été arrêté à la majorité qu'il ne pouvait qu'être utile, parce que les principes qui en faisaient l'objet, loin de constituer un appel à la rébellion et à la résistance, tendaient au contraire à les éclairer sur la mesure d'obéissance que les citoyens doivent à l'autorité, et à les garantir des résultats funestes d'un premier mouvement, en les ramenant à un ordre légal dont on leur faisait connaître l'existence.

Quant à la rédaction de l'article, on fut loin de la regarder comme irréprochable, mais il parut convenable de ne pas y toucher, afin de ne pas en faire un article spécial pour le journal, qui ne traite pas habituellement de ces matières, et d'en laisser la responsabilité tout entière à l'avocat qui l'avait signé.

M. Laguyonie, imprimeur, a imprimé sans connaître l'article.

N°. XVII. *Réquisitoire de M. de La Palme, Avocat du Roi, contre MM. Darmaing, Isambert, Cardon et Cousinéry-St.-Michel, les imprimeurs étant hors de cause.*

Les termes de ce réquisitoire se retrouvent dans l'ordonnance de la Chambre du conseil.

N°. XVIII. *Ordonnance de la Chambre du conseil, du 25 octobre 1826.*

Le 14 septembre 1826, la *Gazette des Tribunaux* a, dans son n°. 284, publié un article ayant pour titre : *Des arrestations arbitraires sur la voie publique*; c'est une attaque renouvelée contre l'action de la police, qui contient un imprudent appel aux passions de la multitude et aux lumières du peuple, au droit de savoir s'il faut obéir ou résister aux ordres de l'autorité, manifestés par l'organe de ses agens; on y développe une théorie méthodique de rébellion qui, pour assurer la liberté, compromettrait l'existence des citoyens : on n'y tolère d'autre nécessité d'obéissance que celle résultant pour chacun du sentiment intime de sa culpabilité; en un mot, et pour apprécier l'esprit de cet article par sa propre lettre, on y lit : « C'est la faute des citoyens » s'ils sont opprimés par les agens subalternes de la force » armée ou de la police : c'est leur faute si, sommés illéga- » lement de suivre, ils ne résistent pas, en appelant à leur » secours les citoyens présens sur le lieu de l'arrestation, et » qui sont aussi bien que les agens de l'autorité juges du fla- » grant délit; en demandant l'exhibition de l'ordre du magis- » trat, et en offrant de donner leur nom et leur adresse, ils » éviteraient toujours une injuste arrestation. »

Et ailleurs : « Toutes les fois qu'un officier de paix ou

»autre agent de police se permet d'ordonner des arresta-»tions, la résistance est permise : car ils ne sont pas quali-»fiés par la loi officiers de police judiciaire. Elle est permise »non seulement d'une manière passive comme envers la »gendarmerie, c'est-à-dire qu'on a le droit de refuser de »marcher et d'appeler les citoyens pour constater les actes »de violence dont on serait l'objet : mais elle pourrait être »offensive, c'est-à-dire que la personne arrêtée pourrait user »de la défense personnelle et repousser la violence par la »violence. Il n'y aurait pas en ce cas rébellion.»

Cet article, dont il est inutile de développer plus en détail les phrases susceptibles d'incrimination, a été composé par Me. Isambert, avocat à la Cour de cassation; et depuis sa publication dans la *Gazette des Tribunaux*, il a été inséré dans *l'Écho du Soir*, et le 16 septembre dans le *Journal du Commerce.* Ces trois journaux sont, par ces motifs, déférés à la justice.

En conséquence, et attendu que dans son ensemble cet article contient:

1°. Une provocation directe à la résistance, à l'aide de violence et de voies de fait envers la force publique et les officiers ou agens de l'autorité administrative ou judiciaire, agissant pour l'exécution des lois, des ordres ou ordonnances de l'autorité publique : laquelle résistance, selon les circonstances, caractérise les crimes ou délits prévus et réprimés par les articles 209, 210, 211, 212, 218 du Code pénal:

2°. Une provocation directe à la désobéissance aux lois qui donnent à la force publique et aux officiers ou agens de la police judiciaire, ainsi qu'aux agens du préfet de police à Paris, le soin de rechercher ces crimes et délits et les contraventions, d'en rassembler les preuves et d'en livrer les auteurs aux tribunaux qui doivent les punir, notamment aux articles 8, 10 et 16 du Code d'instruction criminelle, aux articles 38 et 39 de l'arrêté du 12 messidor an VIII, qui détermine les fonctions du préfet de police à Paris, et à l'article 125 de la loi du 28 germinal an VI qui règle les fonctions ordinaires de la gendarmerie, reproduite aujourd'hui dans l'ordonnance organique du 29 octobre 1820.

Attendu que cette double provocation, qui d'ailleurs ne paraît pas avoir été suivie d'aucun effet, caractérise, par la publicité qui lui a été donnée dans les journaux les délits prévus et réprimés par les articles 3 et 6 de la loi du 17 mai 1819 : que le sieur Isambert, en composant l'article qui en fait la matière, Darmaing en le publiant dans la *Gazette des Tribunaux*, Cousinery-St.-Michel en l'insérant dans l'*Echo du Soir*, et Cardon en le reproduisant en extrait dans le *Journal du Commerce*, se sont conjointement et de complicité rendus coupables de cet article.

Attendu la bonne foi des imprimeurs, les mettons hors de cause.

Renvoyons les sieurs Isambert, Darmaing, Cardon et Cousinery-St.-Michel devant le tribunal de police correctionnelle pour y être jugés conformément à la loi.

Signé Grandet, Michau, Geoffroy.

N°. XIX. *Citation des prévenus au Tribunal de Police correctionnelle, le 14 novembre,*

Pour avoir, 1°. provoqué directement à la résistance à l'aide de violence et de voies de fait envers la force publique, les officiers ou agens de la police administrative ou judiciaire, agissant pour l'exécution des lois, des ordres ou ordonnances de l'autorité publique, laquelle résistance pourrait, selon les circonstances, caractériser les crimes ou délits prévus par les articles 209, 210, 211, 212 et 218 du Code penal.

2°. Provoqué directement à la désobéissance aux lois qui donnent à la force publique et aux officiers ou agens de la police judiciaire, ainsi qu'aux agens du préfet de police de Paris, le soin de rechercher les crimes, délits et contraventions, d'en rassembler les preuves et d'en livrer les auteurs aux tribunaux qui doivent les punir, notamment aux articles 8, 10 et 16 du Code d'instruction criminelle, aux articles 38 et 39 de l'arrêté du 12 messidor an VIII qui détermine les fonctions du préfet de police de Paris, et à l'article 125 de la loi du 28 germinal an VI, qui règle les fonctions ordinaires de la gendarmerie, et qui est reproduite aujourd'hui dans l'ordonnance organique du 25 octobre 1820, lesquelles provocations n'ayant d'ailleurs été suivies d'aucun effet, quoique publiées dans les journaux, caractérisent les délits prévus par les articles 3 et 6 de la loi du 17 mai 1819.

Et pour en outre répondre sur les conclusions qui seront prises contr'eux à l'audience par le procureur du Roi.

ANCIENNE LÉGISLATION.

D'après la loi Salique, qui a régi les Français pendant six cents ans, nul n'était forcé de comparaître en justice, même par ordre du Roi (*legibus dominicis*), que sous peine d'une amende. (Titre Ier., art. 1er., titre LII, art. 1er., titre LIX, art. 2.)

S'il refuse après trois sommations de comparaître, le roi prononce la confiscation de ses biens.

On avait alors un tel respect pour la liberté individuelle, que le roi seul, dans l'Assemblée nationale, pouvait prononcer sur l'accusation, et appliquer la peine de mort. (Titre XXI, art. 1 et 2, titre XLIX, art. unique.)

Sous le régime féodal, où il n'y avait de liberté que pour les barons, ceux-ci ne pouvaient être arrêtés, même pour accusation de meurtre, rapt et trahison, qu'après le jugement; s'ils ne veulent pas comparaître après trois sommations, on confisque leurs biens. (*Etabliss. de saint Louis de* 1270, chap. III, IV, XXVI.)

Les individus sans biens seront saisis par le juge, et bannis de la ville s'ils ne travaillent. (*Ibid.*, chap. XXXIV.)

Lorsque quelqu'un en accuse un autre de meurtre ou de trahison, ou de quelque crime que l'on punit par la perte de la vie ou d'un membre, la justice doit se saisir de l'accusé et de l'accusateur, les retenir tous deux en égale prison, de manière que l'un ne soit pas mieux traité que l'autre. (*Etabliss.*, chap. CIV.)

Ordonnance rendue par le roi Philippe III et ses conseillers, au parlement de l'Assomption, en 1273,

Portant que toutes les fois qu'une effraction de maisons, rapt de femme ou quelque maléfice semblable, arrivera à Paris, tous les voisins et ceux qui le sauront doivent sortir sur-le-champ pour empêcher le mal, et pour arrêter et prendre les malfaiteurs; sinon ils devront crier de les arrêter; et qui ne déférera pas à cette clameur, sera puni.

Ordonnance de Philippe IV, de l'an 1303, sur l'administration de la justice dans la sénéchaussée de Toulouse.

Art. 27. Que personne ne soit reçu en prison, ou ne soit arrêté par les baillis (*bajulos*) ou autres officiers royaux, ou des seigneurs, s'ils peuvent donner caution, à moins qu'il ne s'agisse d'homicide, vol, crime de lèse-majesté, hérésie, rapt et autres cas de droit.

Ordonnance de la régence du comte de Valois (*Philippe VI*), en février 1327, *sur la justice du Châtelet de Paris.*

Art. 43. Nous voulons que notre prévost, ou son lieutenant, fasse visitation des personnes qui auront été prises du jour au lendemain ; car le plus souvent pauvres gens sont pris et emprisonnés pour légères causes. (C'est l'institution du petit parquet, qui n'est que l'exécution de l'article 12 de la loi du mois d'octobre 1789, et des articles 40 et 93 du Code d'instruction criminelle.)

Ordonnance de Charles VII.

En établissant la gendarmerie ou la force armée permanente, par la loi du 2 novembre 1439, Charles VII a établi le principe de la résistance contre ceux qui agiront illégalement.

« Art. 27. *Item*, et en outre le roi abandonne tous capitaines et autres gens de guerre qui feront contre cette » présente loi et ordonnance, et veut et ordonne, que » chacun, par voie de fait, à assemblée de gens et force » d'armes, leur résiste, et donne le Roi à chacun congé » autorité et licence de ce faire. »

Ordonnance de Louis XII (Mars 1498), 1re. *de Blois.*

Art. 62. Aucun, en matière criminelle, ne sera ajourné à la requête de notre procureur, sinon qu'il y ait décret du juge.....

Art. 91, relatif aux vagabonds qui sont jugés sommairement.

Ordonnance de François Ier. (Octobre 1535.)

Chap. XIII, art. 35. Avant de procéder à prise-de-corps

ou ajournement personnel, en matières criminelles, criminellement intentées, seront faites informations du crime et délit dont sera chargé le criminel; lesquelles seront communiquées au procureur du lieu, qui, sur ce, prendra les conclusions, qu'il verra être à faire par raison, ou de prise-de-corps, ou d'ajournement personnel.

Art. 36. Et ladite délibération faite, soit par le juge seul, ou de l'avis de quelque homme gradué et de lettres, sera rédigée par écrit, signée par le juge et le greffier, et datée par celui qui aura conclu et délibéré avec le juge, s'il y est, et sur ce, en sera fait mandement, avant que l'on puisse faire exécution.

Art. 37. Lequel mandement, ainsi fait et déposé, soit de prise-de-corps ou d'ajournement, sera remis au procureur du lieu, qui, incontinent et le plus diligemment le fera mettre à exécution.

Articles 52, 53, 54, sont relatifs au jugement sommaire des vagabonds reconnus tels *notoirement*.

Chap. xx. Art. 11. Défendons aux sergens que dorésnavant ils ne fassent ajournement à trois briefs jours, ne mettent au greffe ou en *prison*, et aussi ne se mettent en garnison en aucun hôtel, s'il n'y a *commandement* du juge, ou qu'ils n'aient été présents au délit, *qui de soy soit cas criminel*.

Ordonnance de François Ier, d'août 1539, à Villiers-Cotterets.

Art. 144. Afin que les juges subalternes ne tombent ci-après en si grande faute, nous voulons que tous procès criminels se fassent par les juges, ou leurs lieutenans et assesseurs, et non par nos *procureurs* et avocats, les greffiers ou leurs clercs et commis, tant aux interrogatoires, récollemens, confrontations ou autres actes, aux droits desdits procès criminels; et ce, sous peine de suspension de leurs offices, et de privation d'iceux, où plus grande peine et amendes.

(Les causes criminelles ne se peuvent déléguer, disent sur ce les annotateurs.)

Art. 145. Sitôt que la plainte desdits crimes, excès et maléfices aura été faite, ou qu'ils en auront été autrement avertis, ils en informeront ou feront informer, bien et diligemment, pour, incontinent après l'information faite et communiquée à notredit procureur, et vu ses conclusions, qu'il sera promptement tenu mettre au bas, être décerné par le juge, telle provision de justice qu'il verra être à faire, selon l'exigence du cas.

Art. 146. Seront incontinent lesdits délinquants, tant ceux qui seront *enfermés*, que les ajournés à comparoître en personne, bien diligemment interrogés.

Ordonnance de Charles IX, sur les remontrances des États d'Orléans. — (Janvier 1560.)

Art. 65. Enjoignons à tous habitans des villes, bourgades et villages, faire tout devoir de séparer ceux qu'ils verront s'entrebattre avec épées, dagues, ou autres bâtons offensifs, appréhender et arrêter les délinquants, à peine d'amende arbitraire.

(Duchalard, sur cet article, dit qu'un homme, par droit de nature et de conjonction humaine, est tenu d'aider celui qui est vexé et maltraité sans sujet.)

Art. 70. Renvoi aux juges ordinaires par les prevôts des maréchaux des domiciliés, à peine des dommages-intérêts, des prisonniers par eux détenus.

Les prevôts des maréchaux n'ont jurisdiction que sur les voleurs et les vagabons.

Art. 71. S'il y a volerie, meurtre ou autre délit, ils feront tout devoir et diligence, d'appréhender les délinquants, sans qu'il y ait plainte de la partie civile ou instance.

Art. 101. Défendons à toutes personnes de loger et recevoir en leur maison, plus d'une nuit, gens sans aveu et inconnus, et leur enjoignons les dénoncer à justice, à peine de prison et d'amende arbitraire; défendons aussi tous bordeaux, brelans, jeux de quilles et de dez, que voulons être punis extraordinairement, sans dissimulation ou connivence, à peine de privation de leurs offices.

Ordonnance de Charles IX, dite de Roussillon. (Août 1564.)

Art. 6. Seront tenus les prévôts des maréchaux et leurs lieutenants, d'aller par les champs circuir la province pour le devoir et exercice de leurs états, sans soi tenir ès-villes closes; ils ne pourront, en aucun cas commis ès-dites villes, entreprendre connaissance sur les *domiciliés* y résidans, fors pour le fait de l'information, décret et capture, qu'ils auront en tous lieux et places, contre toutes personnes et pour tous délits, à la charge de rendre les prisonniers aux juges ordinaires, royaux et autres, hors les cas susdits à eux attribués.

Ordonnance de Charles IX, dite de Moulins. (Février 1566.)

Art. 41. Même disposition que ci-dessus pour les prévôts des maréchaux, pour réprimer les excès et voies de fait qui se commettent en ce royaume (il y avait alors guerre civile).

Édit de Charles IX à Amboise (Janvier 1571), *spécial contre ceux qui résistent aux mandements du roi et de justice.*

Art. 1er. Nous avons défendu et défendons, sur peine de

la vie, à tous nos sujets, de quelque qualité qu'ils soient, d'outrager ou d'excéder la personne d'aucuns de nos officiers, huissiers ou sergens, *faisant ou exploitant actes de justice*, dont n'entendons être expédié lettres de grâce ou rémission.

Art. 6. Et à ce que nosdits sujets n'ayent ou prennent occasion pour les déportemens des ministres de notredite justice, pour n'être leur qualité par eux *connue* de leur résister lorsqu'ils feront lesdits actes de justice; nous enjoignons auxdits sergents procéder auxdites exécutions avec toute modestie, sans user de parole arrogante ou insolente, ains se comporter envers ceux à qui ils feront lesdits exploits, selon leur état et qualité, sur peine de réparation honorable et profitable, et punition corporelle s'il y échet.

Et pour faire lesdits exploits, ne s'accompagneront nosdits sergents que de leurs recors, et n'auront d'autres armes que l'épée seule, sinon que par nos juges en fût autrement ordonné.

Et pour signe d'être *ministres* de nos mandemens, porteront lesdits sergents ordinairement l'écusson des trois fleurs-de-lis, de la grandeur d'un teston, sur leurs habillemens, en l'épaule, qui soit visible, tellement que nosdits sujets *n'en puissent prétendre cause d'ignorance*, avec la baguette en main, le tout sur peine de privation de leurs offices, dès la première contravention ou défaut de l'observation de cette présente ordonnance.

Ordonnance de Henri III (Mai 1579), *seconde de Blois*.

Art. 185. Confirme aux prévots des maréchaux, aux vice-baillifs et lieutenants criminels de robe-courte, le droit d'arrêter, en cas de volerie, meurtre ou autre délit commis aux lieux où ils sont établis, et aussi d'exécuter promptement et sans remise, excuse ou dissimulation, les décrets et mandements de justice qui leur seront délivrés par nos juges, et substituts de nos procureurs-généraux, encore qu'il n'y ait plainte de partie civile.

Art. 190. Défendons, sur peine de la vie, à nos sujets, de quelque qualité qu'ils soient, excéder et outrager aucuns de nos magistrats, officiers, huissiers, ou sergents, faisant et exécutant acte de justice. Voulons que les coupables de tels crimes soient rigoureusement châtiés sans espoir de miséricorde, comme ayant directement attenté contre notre autorité et puissance.

Art. 191. Confirmation de l'ordonnance de Moulins et d'Amboise contre les rebelles.

Art. 193. Peine contre les receleurs de gens sujets à exécutions de justice.

Art. 196. Afin d'empêcher la fréquence des meurtres et voleries qui se commettent par les champs avec toute impunité; nous enjoignons à tous hauts-justiciers et leurs officiers des lieux où tels excès se commettent, ensemble aux habitans des plus prochains villages, de poursuivre en toute diligence incontinent qu'ils auront connaissance de malfaiteurs, pour les appréhender et constituer prisonniers, si faire se peut, à peine aux hauts-justiciers de perdre les droits de leur justice à leurs officiers de leurs états, et aux habitans desdits villages de grosses amendes applicables, moitié à nous et moitié aux excédés ou à leurs héritiers.

Art. 197. Enjoignons à tous habitans des villes, bourgs et villages, faire tout devoir de séparer ceux qu'ils verront s'entrebattre avec épées, dagues ou autres bâtons offensifs, et d'appréhender et arrêter les délinquans, pour les livrer ès-mains de justice.

Art. 198. Et parce que nous avons été avertis que plusieurs

voleries, meurtres et assassinats, se commettent par les champs, par personnes masquées, nous voulons qu'il leur soit couru sus par les *autorités de justice*, et avec les officiers d'icelle en toute voye d'hostilité et à son de tocsin, et qu'étant appréhendés ils soient punis par les juges des lieux sans dissimulation.

(La guerre civile agitait alors la nation).

Cet édit a été modifié par l'art. 168 de l'ordonnance de janvier 1629, rendue sur les remontrances des états de 1614.

Bornier cite un édit de Henri III de 1586, sur le flagrant délit. Nous ne l'avons pas trouvé dans les recueils.

Ordonnance de Louis XIII sur les remontrances des États-Généraux. (Janvier 1629.)

Art. 183. Les prévots des camps et armées, et de la suite de nos amés et féaux les maréchaux de France, ni les prevôts des bandes, ne peuvent décréter ni procéder criminellement contre les *domiciliés*.

Art. 152. Voulons que toute troupe de gens de pied ou de cheval qui seront trouvés depuis le nombre de six hommes jusqu'à cent, et au-dessus, dans les villages, armés ou non, sans département signé de nous ou de nos gouverneurs, soient réputés vagabonds et voleurs, et comme tels, leur soit couru sus par le prevôt des maréchaux, et *communes* du pays, au son du tocsin, sans exception ni acception de personnes; et ceux qui les conduiront, pris et appréhendés, punis de mort, sinon condamnés par contumace, autorisant dès à présent lesdits prévots et *communes* par ces présentes, et pour l'exécution du présent article.

Ordonnance de Louis XIV (22 octobre 1648) *contresignée* Séguier.

Art. 15. Voulons qu'aucuns de nos sujets, de quelque qualité et condition qu'ils soient ne soient à l'avenir traités criminellement que selon les formes prescrites par les lois de notre royaume, et ordonnances, et non par commissaires et juges choisis.

Édit sur les communes (Avril 1667), *qui leur donne pouvoir de rentrer sans* formalité de justice, *dans les fonds, prés, pâturages, bois, terres, usages communaux, droits et autres biens sortis de leurs mains depuis* 1620.

Ordonnance sur la procédure criminelle de l'an 1670.

Titre X, art. 1er. Tous décrets seront rendus sur les conclusions de nos procureurs ou de ceux des seigneurs.

Art. 6. Les procès-verbaux des sergents ou huissiers, même de nos cours, ne pourront être décrétés, sinon, en cas de rébellion à justice, d'ajournement personnel seulement.

Art. 9. Après qu'un accusé pris en *flagrant délit*, ou à la clameur publique, aura été conduit prisonnier, le juge ordonnera qu'il sera arrêté et écroué.

Art. 18. Pourra, si le cas le requiert, être rendu décret de prise de corps contre des personnes non connues.

Art. 19. NE SERA DÉCERNÉE PRISE-DE-CORPS CONTRE LES DOMICILIÉS, SI CE N'EST POUR CRIME QUI DOIVE ÊTRE PUNI DE PEINE AFFLICTIVE OU INFAMANTE.

Déclaration du roi. (Décembre 1689.)

Tous juges royaux et des seigneurs seront tenus d'exprimer à l'avenir, dans les ajournemens personnels qu'ils décerneront, le titre de l'accusation pour laquelle ils décréteront, à peine d'interdiction.

Edit sur l'administration de la justice du Châtelet. (Janvier 1685.)

Art. 26. Les commissaires auront soin d'informer soigneusement le lieutenant-criminel et notre procureur au Châtelet des crimes qui arriveront dans l'étendue des quartiers où ils sont distribués, dans le jour qu'ils en auront connaissance ; et s'il arrive quelque difficulté considérable au sujet des plaintes qu'ils recevront ou des réquisitions des parties, pour faire arrêter des personnes hors le flagrant délit, ils en informeront le lieutenant criminel, lequel y pourvoira sur-le-champ.

Art. 27. l'art. 19 du titre 10 de l'ordonnance du mois d'août 1670 sera exécuté, et en conséquence, le lieutenant criminel et autres officiers du siége du Châtelet ne décerneront des décrets de prise de corps contre des *personnes domiciliées*, que lorsqu'elles seront accusées de crimes graves, et qui pourront mériter des peines afflictives ou infamantes.

Art. 32. Ordonnons que notre présent règlement sera lu tous les ans à l'ouverture des audiences du Châtelet.

Edit de Louis XIV (Octobre 1711), *sur les officiers du Châtelet.*)

Art. 9. L'article précédent (c'est-à-dire l'exécution sans *pareatis*) aura lieu pareillement pour l'exécution des ordonnances rendues par le lieutenant-général de police, dans les cas de sa compétence qui concerneront la sûreté et la tranquillité de notre bonne ville de Paris, sans qu'en aucun cas et sous quelque prétexte que ce puisse être, le lieutenant civil du Châtelet, le lieutenant-général de police, le lieutenant-criminel de robe-courte ni le lieutenant-général au baillage du palais, puissent faire aucun acte de jurisdiction, faire arrêter ni recommander aucun prisonnier, qu'en vertu d'ordonnances rendues par écrit et dans les formes en tel cas requises et prescrites par nos ordonnances.

Défendons aux concierges et geôliers des prisons de recevoir aucuns prisonniers s'ils ne sont écroués en vertu d'ordonnances rendues dans la forme ci-dessus marquée.

Déclaration de Louis XIV sur les femmes de mauvaise vie.
(26 Juillet 1713.)

Dans les cas de débauche publique et vie scandaleuse de femmes ou filles, les commissaires du Châtelet recevront les déclarations des voisins; le rapport en sera fait au lieutenant-général de police les jours ordinaires d'audience, auxquelles les parties intéressées seront assignées en la manière accoutumée.

En cas d'appel, il sera procédé en la grand'chambre, encore qu'il y ait eu décret sur les informations, et que la suite de la procédure ait obligé ledit lieutenant-général à ordonner que lesdites femmes et filles seront enfermées pour un temps dans la maison de force de l'hôpital-général ;

Et en cas de maquerellage, prostitution publique et autres, où il écherra peine afflictive ou infamante, ledit lieutenant-général de police sera tenu d'instruire le procès aux accusés par récollement et confrontation, suivant nos ordonnances et les arrêts et règlemens de notre cour.

Déclaration du Roi (Louis XV, régence du duc d'Orléans), du 26 février 1724, concernant les maréchaussées (Code de Louis XV, tom. 1er., pag. 78), *portant défense aux prévôts des maréchaux et autres officiers, d'arrêter aucune personne domiciliée hors le cas de flagrant délit, ou de clameur publique, sans information et décret préalables, à peine de demeurer responsables des dommages-intérêts des parties.*

« Voulons qu'ils soient tenus de mettre à exécution sur-» le-champ et sans délai, à la première réquisition qui leur » sera faite par nos procureurs ou par les parties, les décrets » qui seront émanés des siéges présidiaux et autres juges, » pour mêmes crimes, soit au-dedans, soit au-dehors des » villes de leur résidence. »

Déclaration du Roi (Louis XV) sur les cas prévôtaux et présidiaux en interprétation de l'ordonnance de 1670. (5 Février 1731.)

Art. 1er. Les prévôts de nos cousins les maréchaux de France connaîtront de tous crimes commis par les vagabonds et gens sans aveu ; et *ne seront* réputés vagabonds et gens sans aveu, que ceux qui, n'ayant ni profession, ni métier, ni domicile certain, ni rien pour subsister, ne peuvent être avoués, ni faire certifier de leurs bonne vie et mœurs par personnes dignes de foi.

Enjoignons auxdits prévôts des maréchaux d'arrêter ceux ou celles qui seront de la qualité susdite, encore qu'ils ne fussent prévenus d'aucun crime ou délit...

Seront pareillement tenus, lesdits prévôts des maréchaux d'arrêter les mendians valides qui seront de la même qualité...

Déclaration du 9 mars 1780 (Louis XVI) sur les attroupemens avec port d'armes.

Art. 2. Ceux qui seront trouvés attroupés sur les chemins, ou dans les plaines et bois, au nombre de quatre et au-dessus, avec port d'armes et autres instruments, sous prétexte de chasser ou autrement, seront poursuivis suivant la rigueur des ordonnances et prévôtalement, conformément à l'art. 5 de la loi du mois de février 1731.

Art. 5. Exceptons de ces dispositions tous seigneurs, gentilshommes, et *propriétaires* chassant sur leurs Terres....

Déclaration du Roi (Louis XVI) 1er. mai 1788, relative à l'ordonnance criminelle. (Introduct. au Moniteur page 106.)

Malgré les précautions prises (sous Louis XIV) pour concilier à l'ordonnance les suffrages universels, nous ne saurions nous dissimuler qu'en conservant le plus grand nombre de ses dispositions, nous pouvons en changer avantageusement plusieurs articles principaux, et la réformer sans l'abolir. Nous avons donc considéré que les commissaires rédacteurs n'ont pu tout pouvoir, en débrouillant le chaos de la jurisprudence criminelle, que les procès-verbaux de leurs conférences attestent qu'ils furent souvent divisés sur des points importants, et que la décision ne parut pas toujours confirmer les avis les plus sages; que depuis la rédaction de cette ordonnance, le seul progrès des lumières suffirait pour nous inviter a en revoir attentivement les dispositions, et à les rapprocher de cette raison publique, au niveau de laquelle nous voulons élever nos lois.... Et à l'exemple des législateurs de l'antiquité, dont la sagesse bornait l'autorité de leur code, à une période de cent années, afin qu'après cette épreuve la nation pût juger les lois, nous avons observé que ce terme étant maintenant expiré, nous devions soumettre à une révision générale, cette même ordonnance criminelle, qui a subi le jugement d'un siècle révolu.... Nous élèverons ainsi au rang des lois, les résultats de l'opinion publique, après qu'ils auront été soumis à l'épreuve d'un mûr et profond examen, et nous chercherons tous les moyens d'adoucir la sévérité des peines, sans compromettre le bon ordre et la sûreté générale....

» En attendant que notre sagesse ait opéré une si utile révolution, nous voulons abroger dès à présent plusieurs abus, auxquels il nous a paru instant de remédier.

» Le principal abus, qui rendrait en ce genre tous les autres irrémédiables, jusqu'à la parfaite réforme de nos lois criminelles, a pour principe la disposition de l'art. 21, tit. XXV, de l'ordonnance qui en ordonnant que les jugements seront exécutés le même jour qu'ils auront été prononcés aux condamnés, laisse aux juges la faculté de les mettre à exécution aussitôt qu'ils sont rendus. Cette promptitude peut être utile dans des cas qui ne souffrent pas de délai. Mais, dans la punition des autres délits, une pareille forme rend illusoire l'espoir de recourir à notre clémence et d'éclairer notre justice. (Affaire des hommes de couleur de la Martinique, flétris au mépris du pourvoi en cassation, et contrairement à une ordonnance spéciale de 1750.)

» Un autre abus que nous pouvons supprimer dès à présent, c'est l'interrogatoire sur la sellette... Il n'est pas juste que le supplice de l'ignominie précède l'arrêt, qui peut seul constater irrévocablement son crime, et l'expose à perdre la tranquillité d'esprit dont il a besoin pour se défendre devant ses juges.

» La *question*: par notre déclaration du 24 août 1780, nous avions proscrit la question préparatoire, sans abolir la question préalable. De nouvelles réflexions nous ont convaincus de l'illusion et des inconvénients de ce genre d'épreuve....

» Nous avons considéré que les précautions qu'exige la sûreté publique, obligeaient quelquefois nos Tribunaux de suivre dans la recherche du crime des indices trompeurs, et les exposaient quelquefois à confondre d'abord les innocents avec les coupables. Cependant, après que sur de fausses apparences, nos sujets ainsi traduits en justice ont subi toutes les rigueurs d'une poursuite criminelle, s'il n'y a point de partie civile au procès, sur laquelle tombent les dépens, nos Cours les déchargent, il est vrai, de toute accusation, et les renvoient absous; mais elles ne font point imprimer et afficher au nom de la loi ces arrêts d'absolution qui doivent les réintégrer dans l'opinion publique.

» Nous désirons et nous espérons de pouvoir leur procurer dans la suite les dédommagements auxquels ils ont alors *le droit* de prétendre; et nous nous réduisons avec peine aujourd'hui (vu le délabrement des finances, première cause de la révolution) à n'accorder pour indemnité à leur innocence, que la certitude d'être reconnue et solennellement manifestée; mais du moins, en attendant que nous puissions compenser *pleinement* les dommages qu'elle aura soufferts, nous voulons lui assurer dès ce moment dans toute son intégrité, cette réparation qui laisse encore à *notre justice* de si légitimes regrets.

» L'honneur de tous nos sujets étant sous notre protection spéciale, comme la plus précieuse de leurs propriétés, c'est à nous à fournir aux *frais* de l'impression et de l'affiche de ces jugements d'absolution, et nous ne balançons pas d'en imposer la charge à notre domaine comme une portion *essentielle* de la justice que nous devons à nos peuples.

ANCIENNE JURISPRUDENCE,

OU

Opinions des Criminalistes sur le droit d'arrestation.

Ayrault, lieutenant-criminel, écrivant en 1587 :

« Toutes personnes publiques ne peuvent pas être juges. Les gouverneurs de nos provinces ont l'état, la police et les armes, mais non pas la justice. *Potestatem habent, non magistratum.*

» Il ne serait pas sûr pour le prince qu'un seul eût tout le pouvoir par devers lui, et pour contenir tous ordres en amitié et les concilier tous à soi, il faut à chacun faire part des charges et administrations publiques. (Liv. II, p. 200.) ».

Pourquoi donc M. le préfet de police veut-il cumuler aujourd'hui le pouvoir d'arrestation inhérent au pouvoir judiciaire, avec son pouvoir administratif ou de surveillance ? D'après la loi, il n'est pas magistrat, mais administrateur.

— De décréter de prise de corps et commencer par la capture, c'est chose que les anciens n'eussent pas trouvée juste, non seulement *en la ville*, entre les citoyens romains, mais partout. (Ayrault, liv. III., p. 390.)

Suivant le commissaire de police Delamarre (écrivant en 1708), dans son grand et savant *Traité de la Police*, la police n'est que le soin de la ville, les rixes, les vagabonds.

Le lieutenant de police pouvait, d'après l'édit d'institution du mois de mars 1667, connaître, comme juge, de tous délinquans trouvés en *flagrant délit, en fait de police.*

Les commissaires au Châtelet, huissiers et sergens étaient tenus d'exécuter ses ordres et mandemens, comme aussi les bourgeois de prêter main-forte.

Les commissaires au Châtelet étaient juges. (Delamarre, tom. 1er., p. 212.)

Arrêt du parlement du 28 février 1608, par lequel il est ordonné aux sergens du Châtelet d'obéir aux commissaires en tout ce qui leur sera commandé concernant le service du roi et les affaires publiques de police et de justice; à la charge néanmoins, à l'égard des captures et emprisonnemens, de donner par les commissaires leur *ordonnance par* ÉCRIT aux sergens pour leur décharge.

BORNIER, magistrat et ses annotateurs, écrivant vers 1737. (*Notes sur le titre X, art.* 1er. *et* 9 *de l'Ordonnance criminelle.*)

Si le délinquant est surpris en flagrant délit, ou lorsque le cas est si énorme qu'il exige un prompt décret, on peut se dispenser de prendre les conclusions du procureur du roi, même pour la capture.

Il est important de savoir en quel cas l'accusé est dit *deprehensus in facto*, parce que cela sert non seulement pour faire déclarer la capture bien faite, mais pour l'instruction et le jugement. En fait de *larcin*, lorsque l'accusé a été surpris dérobant, ou dans le lieu dans lequel le larcin a été commis, ou avec la chose dérobée; en fait d'*assassinat*, celui qui a été pris dans l'action, ou qui a été vu dans le lieu où le crime a été commis, avec l'épée ensanglantée, en adultère, non seulement celui qui a été surpris sur le fait, mais sur le lieu.

L'art. 9 du tit. X est conforme à l'ordonnance de Philippe VI, de l'an 1328, et à l'ordonnance de Henri III, de l'an 1586. La raison en est que la flagrance du délit tient lieu de l'information ; alors *quilibet homo miles est*...., Il y a différence entre crime et délit ; le délit, *est peccatum de quo civili potissimum actione agunt*.

On ne trouve dans Fontanon rien de particulier sur les droits de la police de Paris, si ce n'est l'art. 28 d'un arrêt du parlement de Paris, du 22 décembre 1541, qui parle de la fréquentation de la police avec les délinquans.

Boutaric, professeur à Toulouse, en 1763, p. 116, tit. X, art. 11 ; Démerville, ancien avocat, écrivant en 1732, in-4°., p. 17 ; Rousseau-Lacombe, en 1744, p. 137-158, professent comme maxime, que la résistance n'est rébellion qu'autant qu'il y a eu ordre émané de la propre personne du roi, ou de ses secrétaires-d'état (lettres de cachet), ou aux mandemens des officiers royaux de justice, sentence, arrêt ou jugement.

Muyart de Vouglans, dans ses institutions au droit criminel, publiées en 1757, s'exprime ainsi, p. 255 :

« Le décret de prise de corps ne peut être rendu contre » un accusé qui a un domicile certain, que lorsqu'il paraît, » par les charges et informations, que le crime est de nature » à donner lieu à quelques peines afflictives et infamantes. » Mais ce n'est pas toujours sur les preuves résultant des in» formations qu'un décret peut être rendu : il y a plusieurs » cas où le *juge* peut décréter sans information, savoir : » 1° sur la seule notoriété, lorsqu'il s'agit de vol ; 2°. sur la » plainte du procureur du roi, lorsqu'il s'agit de crime » commis par les vagabonds ou gens sans aveu ; 3°. sur la » plainte des maîtres pour délits commis par leurs domesti» ques ; 4°. sur la capture de l'accusé en flagrant délit ou à » la clameur publique ; 5°. contre des personnes non connues, » sur l'invitation qui en sera faite, et sur les désignations de

» l'habit de la personne et autres suffisantes; 6°. sur les pro- » cès-verbaux des présidens et conseillers des cours souve- » raines; 7°. sur les procès-verbaux des juges inférieurs » pour délits commis pendant leur séance; mais il faut » que les procès-verbaux aient été rédigés par les officiers » qui siégent avec eux; 8°. sur les procès-verbaux des » huissiers ou sergens, en cas de rébellion à justice.

Jousse, le meilleur d'entre les anciens criminalistes, écrivait, en 1771, dans son grand *Traité*, tom. IV, p. 173, partie IV :

« Il y a des cas où ceux qui sauvent des accusés ou des » condamnés des mains de la justice, ne doivent pas être » condamnés. Les uns sont : lorsque celui qui était arrêté ou » condamné, l'était injustement ; mais, dans ce cas, il faut » que l'injustice soit notoire, comme si des archers voulaient » arrêter quelqu'un sans décret ni ordonnance de justice. » Dans ce cas, la résistance est permise, non seulement à » celui qu'on veut arrêter, mais à tout autre personne, pour » le délivrer de l'injustice que l'on commet à son égard. » (*Quest.* 35 et 23.)

Un autre cas où il est permis de s'opposer à la capture d'une personne, est lorsque ceux qui arrêtent n'ont aucun caractère pour le faire : Farinacius, n°. 73. — Lorsque les archers ne portent point les marques distinctives de leur office. (*Ibid.* n°. 37) C'est pour cela que l'édit d'Amboise de janvier 1571, art. 16, ordonne aux sergents, à peine de privation de leur office, de porter sur l'épaule un écusson visible de trois fleurs de lys avec la baguette en main, afin que les citoyens n'en prétendent cause d'ignorance. Voyez aussi l'art. 89 de l'ordonnance d'Orléans. Mais il n'est pas permis dans ce cas de tuer ni même de blesser les archers ou sergents, à moins que l'injustice ne soit de leur part. (Voyez le n°. 29.)

N°. 29. En effet cette résistance est plutôt une défense légitime qu'une rébellion suivant la loi, 1re., §. *si quis ne vis fiat ideo*, 4 Dig.

Il est permis alors à celui qu'on veut arrêter injustement non seulement de résister, mais encore d'appeler ses amis et voisins, à son secours pour l'aider à se défendre. Loi 5, Code de *jure fisci*, et Loi 5, Code *de execut.* Tel est aussi le sentiment de Covarruvias. Voyez aussi Julius Clarius, et Chassanée, sur la coutume de Bourgogne.

On prétend même que dans ce cas, il est permis à l'accusé de blesser, et de tuer ceux qui l'arrêtent ainsi injustement. Boerius, décision 170, n°. 2. (Voy. ci-dessus n°. 16.). Mais je crois que cette règle ne doit avoir lieu que quand le sergent excède son pouvoir ou lorsqu'il est sans caractère; autrement, si la nullité ou l'injustice vient de la part du juge, celui qu'on veut arrêter peut à la vérité résister; mais souvent dans le cas où il pourrait le faire sans blesser ni tuer le sergent. Papon, en ses arrêts, liv. XXII, tit. 5, n°. 2, rapporte un autre cas ou un accusé qu'on poursuivait fut excusé de la peine ordinaire. — L'arrêt du parlement de Bordeaux intervenu sur la poursuite de rébellion de l'accusé, le condamne seulement au fouet, quoiqu'il fût convaincu d'avoir tué le fils du sergent qui voulait l'arrêter.

Jousse, sur le titre des décrets X, pag. 196, n°. 75 et 30. Les sergens huissiers et autres qui arrêtent une personne dénoncée ne peuvent le faire de leur propre autorité, et sans être porteurs du décret de prise de corps. (Ordonnance d'octobre 1535, chap. xx, art. 11.) Il faut excepter seulement le cas de flagrant délit. *Ibid*, art. 11.

Des Captures et Emprisonnement sans décret.

N°. 79. Décret de prise de corps et emprisonnement

sont deux choses différentes ; et quoique dans la règle générale, toute capture et emprisonnement doive se faire en vertu d'un décret du juge, néanmoins il y a quelques cas où cette formalité n'est pas nécessaire ; ainsi cela n'a pas lieu, 1°. dans le cas de flagrant délit, quand il s'agit de crimes graves, (JULIUS CLARUS, quest. 28, n°. 7. Lois, Code, *de episcop. et cler.* Ordonnance de 1670, titre 11, art. 4.) L'ordonnance de François Ier. du mois de juillet 1547, enjoint même tous ceux qui ont connaissance d'un meurtre ou assassinat, de courir après les assassins, et de faire fermer les portes du lieu, et de sonner le tocsin pour assembler les habitans et arrêter les coupables.

2°. Le décret préalable, est aussi inutile, à l'égard des vagabons et gens sans aveu. (Déclaration du 5 février 1731, art. 1er.

M. PEUCHET, *Introduction aux lois de police*, Paris, in-8°., 1818, tom. Ier., pag. 19; note 2, rapporte d'après l'*Encyclopédie méthodique*, publiée en 1788, ce qui suit :

» On a beaucoup parlé des mesures obscures ou vexatoires de la police de cette époque (sous M. de Sartine, de 1759 à 1775) ; mais on verra, par les actes que nous citons ici, qu'on ne les employait pas toujours impunément, et que les commissaires de police, eux-mêmes conseillers du Roi, et jouissant d'une grande considération, portaient quelquefois la peine des procédés illégaux qu'ils se permettaient contre la liberté des citoyens. Les parlemens étaient des surveillans qu'il n'était possible ni d'intimider ni de corrompre.

Le commissaire de *L'Espinai* fut condamné à 80 livres de dommages-intérêts, pour avoir fait emprisonner une cabaretière de Paris, sans plainte et sans information préalable ; M. l'avocat-général Bignon, qui portait la parole lors de cet arrêt, a dit : « Que cet emprisonnement ne pouvait se tolérer

» ayant été fait sans plainte et sans information; que cela était » de conséquence, s'agissant d'une bourgeoise; qu'il était à la » vérité permis aux commissaires de constituer prisonniers » les personnes qu'ils trouvaient en flagrant délit, mais non » point lorsque ce cas ne se rencontrait pas; que pour re- » médier à l'avenir à de pareils abus, il estimait qu'il y avait » lieu de déclarer l'emprisonnement injurieux, tortionnaire » et déraisonnable; le commissaire L'Espinai bien intimé » et pris à partie et le condamner à 80 livres de dommages- » intérêts, et lui faire défense de ne plus user de cette » voie, »

Ces conclusions furent pleinement adoptées; elles motivèrent et décidèrent l'arrêt.

« Par un autre arrêt, en forme de réglement, le 7 janvier 1701, il a été fait défense au commissaire Regnault et à tous autres de faire arrêter et constituer prisonniers les domiciliés sans information et décret préalables, si ce n'est dans les cas portés par les ordonnances et réglemens (le flagrant délit).

» Le commissaire Régnault pouvait cependant être traité avec condescendance, puisqu'il s'agissait d'une fille qui menait une vie dissolue, et qu'il avait fait arrêter sur la réquisition de sa mère. Mais quand il est question d'infraction faite à la loi, il n'y a point de considération qui puisse atténuer la peine du délinquant.

» Un autre arrêt rendu le 16 mai 1711 sur les conclusions de M. l'avocat-général Chauvelin, contre le commissaire Lefrançois, a déclaré pareil emprisonnement nul, injurieux, tortionnaire. Le commissaire Lefrançois, bien intimé, pris à partie et condamné à cent livres de dommages-intérêts. »

Ce même arrêt, faisant droit sur les conclusions du procureur-général, a fait défense à tous commissaires de police de faire aucun emprisonnement qu'en vertu de décret donné sur le vu des charges, informations et conclusions des gens du roi, si ce n'est dans les cas portés par l'ordonnance.

Enfin un autre arrêt rendu le 9 juillet 1712 sur les conclusions de M. l'avocat-général Chauvelin contre le commissaire Moncrif, condamne ce commissaire en 208 livres de dommages-intérêts; et faisant droit sur les conclusions du procureur-général, enjoint au commissaire Moncrif ou tous autres de garder et observer les ordonnances, arrêts et réglemens; et en conséquence leur fait défense de se transporter dans les maisons des particuliers sans réquisition par écrit ou ordonnance de justice, si ce n'est dans le cas de flagrant délit. (*Encyclopédie méthodique, jurisprudence*, tom. x, art. *domicilié.*)

RECUEIL *des Arrêts rendus par la Cour de cassation en matière de rébellion.*

Premier arrêt du 21 prairial an X, au rapport de M. Rataud.
(SIREY, tom. XI, pag. 165.)

Il s'agissait d'un individu accusé, 1°. du crime d'offense à la loi, prévu par l'art. 1er. de la 4e. sect., tit. 1er. du code pénal de 1791, pour avoir insulté ou frappé un fonctionnaire *agissant légalement*, et du délit d'avoir frappé un garde forestier dans l'*exercice de ses fonctions*.

Le jury ayant répondu négativement sur le premier chef, parce que le fonctionnaire n'agissait pas *légalement*, et affirmativement sur le second, le tribunal criminel avait considéré les voies de fait comme étant commises envers une personne *privée*, sans provocation.

Par cet arrêt, la cour de cassation a cassé ce jugement, parce que le garde forestier était toujours personne publique, puisqu'il était en fonction ; mais en écartant la circonstance aggravante qui aurait existé s'il avait agi légalement dans ses fonctions.

Second Arrêt du 16 avril 1812, sections réunies, sous la présidence du Grand-Juge. (Plaidant M. Merlin, procureur-général.)

Il s'agissait d'une rébellion armée de plus de deux personnes, contre les gendarmes à la poursuite d'un conscrit déserteur ; rébellion suivie de meurtre.

La Cour de Bordeaux avait jugé que la résistance n'était pas criminelle, en ce que 1°. les gendarmes n'étaient porteurs d'aucun mandat spécial de justice ; 2° en ce qu'ils avaient voulu violer le domicile d'un citoyen pour rechercher ce conscrit.

La Cour de cassation répondit que,

« Suivant les articles 1, 2, 125, 126 et 131 de la loi du » 28 germinal an VI, la gendarmerie peut et doit habituellement, le jour, la nuit, et conjointement, s'il est besoin, » avec la garde nationale sédentaire, faire des tournées et » des patrouilles dans les rues, sur les places publiques, sur » les grands chemins ; saisir et arrêter les déserteurs, sans » qu'il soit besoin d'aucune réquisition des autorités civiles ; » qu'elle peut même investir ou garder à vue la maison où » elle soupçonne qu'un coupable s'est réfugié, en attendant » l'expédition du mandat de perquisition, ou, suivant le » décret impérial du 4 août 1806, en attendant l'assistance » du maire, de l'adjoint ou du commissaire de police, laquelle tient lieu du mandat de perquisition : que la force » armée a requis l'ouverture de la maison de D... ; mais » qu'aucune loi ne lui défendait de faire cette réquisition, » lors même qu'elle n'exhibait aucun mandat ; de même

» qu'aucune loi ne défendait au maître de la maison d'y dé-
» férer et de concourir sans délai avec la force armée au ré-
» tablissement du bon ordre, au lieu d'*user de son droit de re-*
» *fus;* qu'enfin, la force armée ne s'est pas introduite dans
» la maison de D...., ni d'autorité ni autrement; qu'elle
» n'a violé l'asile d'aucun citoyen; que néanmoins il a été
» exercé sur elle des violences qui constituent une rébellion
» armée *dans un temps et dans un lieu où elle agissait légale-*
» *ment dans l'exercice de ses fonctions.* »

Il résulte de la doctrine de cet arrêt, que si la gendarmerie avait voulu violer le domicile, on aurait pu la repousser *à main armée*, sans commettre le crime de rébellion. C'est ce qu'on lit dans le réquisitoire de M. Merlin, *Nouv. Répert.*, V°. *Rébellion.*

Cela résulte *implicitement* de l'arrêt; mais la doctrine qui en résulte *expressément*, c'est le droit de refuser l'entrée de sa maison, malgré la réquisition des gendarmes, ayant pour eux la présomption de légalité.

C'est la doctrine de la résistance passive, conseillée par M^e. Isambert dans son article.

L'auteur n'eût donc pas conseillé la résistance active avec armes contre les gendarmes.

Troisième arrêt du 14 septembre 1815. — Affaire de rébellion contre des fonctionnaires agissant en vertu des lois et des ordonnances de l'autorité publique.

Il s'agissait d'une usurpation de citer des individus qui avaient, le 19 mai 1815 (pendant les cent jours), résisté en réunion de plus de vingt personnes, et avec armes, à des fonctionnaires et officiers de police administrative, qui procédaient à l'organisation de la garde nationale du chef-lieu du canton de *Perros Gueric.* La cour de Rennes avait mis les prévenus en accusation : la Cour de cassation a cassé cet arrêt (président M. Barris, rapporteur M. Schwendt, avocat-général M. Le Beau), par le motif « que les lois et » ordonnances de l'autorité publique, à l'exécution des- » quelles cette résistance fut opposée, étaient des lois et » ordonnances, dont l'exécution avait été ordonnée par » Napoléon Bonaparte ou par ses agens, depuis le 1er. mars, » à l'effet de procéder à l'organisation de la garde nationale » du canton de Perros, et d'accroître ainsi ses moyens » d'usurpation ;

» Que la résistance de l'attroupement armé ne fut donc » que l'exécution de l'ordonnance royale du 23 mars pré- » cédent. »

On observe que cette ordonnance, qui défendait en effet d'obéir à Napoléon Bonaparte dans ses lois de recrutement, mais non dans les dispositions relatives au maintien de l'ordre public, n'a été publiée au Bulletin des Lois que le 11 août 1815, et qu'elle ne paraissait pas pouvoir justifier un fait consommé le 19 mai.

Quoi qu'il en soit, il résulte très positivement qu'il est des cas où, dans l'application de l'art. 209 du Code pénal, les citoyens sont juges de la légalité, non pas seulement de l'autorité inférieure, mais de ce qu'il y a de plus sacré et de plus imposant, des ordonnances émanées du gouvernement et même des lois délibérées par la puissance législative.

Me. Isambert est bien loin d'avoir émis une doctrine aussi hardie.

Quatrième Arrêt du 13 mars 1817. — Affaire du général La Garde, à Nîmes.

C'est par erreur que M. Carnot a dit, dans son commentaire sur l'art. 209 du Code pénal, que cet arrêt n'avait pas été inséré au Bulletin officiel de la Cour. (Président, M. Barris, M. Ollivier, rapporteur.) Il s'agissait d'une tentative de meurtre, avec la circonstance remarquable de la préméditation ; sur la personne du général La Garde, à Nîmes, agissant comme chef de la force armée.

L'accusé Boissin avait demandé que l'on posât la question de provocation par les violences du général, conformément à l'art. 321 du Code pénal, et la Cour avait admis cette question.

La Cour de cassation a cassé cet arrêt, par le motif que tout agent de la force publique qui agit contre les citoyens, ne peut pas être considéré comme personne privée ; qu'il y a une présomption de légalité en sa faveur ; que dès-lors on ne saurait admettre de prévention.

Au surplus, l'arrêt déclare en fait que le général La Garde agissait dans l'exercice de ses fonctions

C'est sur cet arrêt, qui annonce un changement de jurisprudence, que M. le conseiller Carnot a fait de longues et énergiques observations dans son commentaire sur l'art. 209 du Code pénal.

M. Isambert, dans son article, s'est-il prévalu de cette controverse, pour adopter de préférence l'opinion de M. Carnot ? il l'aurait pu ; mais il ne l'a pas fait, car il conseille l'*obéissance passive* envers un simple gendarme, à plus forte raison envers un général.

Je ne trouve de résistance *active* légitime que quand il s'agit de cette classe d'agens de la police qui n'ont point de caractère public : ainsi les principes de l'arrêt de 1817 lui sont favorables.

Cinquième Arrêt du 14 avril 1820. (Président M. Barris, rapporteur M. Busschopp.)

Il s'agissait d'un huissier qui avait exécuté une contrainte par corps, à domicile, sans avoir été accompagné du juge de paix. Le saisi fit résistance et expulsa l'huissier, et le tribunal de Mende déclara qu'il n'y avait pas rébellion.

La Cour de cassation a cassé par le motif que le défaut de formalité donnait une action devant le juge, mais n'autorisait pas les voies de fait; qu'en effet, d'après l'art. 209 du Code pénal, il y a rébellion par cela seul que les huissiers étant porteurs de mandats de justice ou de jugemens, ils agissaient pour leur exécution; que la loi ne subordonne pas le délit au plus ou moins de régularité des formes avec lesquelles ces officiers doivent procéder; que les particuliers n'ont pas le droit de se constituer juges de ces formes pour refuser avec violence et voies de fait, l'obéissance. Elle a considéré d'ailleurs, mais *surabondamment*, que l'huissier agissait légalement sans l'assistance du juge de paix, pour la représentation d'effets saisis.

M. Isambert n'a point dit aux citoyens qu'ils pouvaient résister à des agens de la force publique, porteurs de mandats de justice; mais, au contraire, à ceux qui n'en avaient pas; encore quand l'agent qui agit a un caractère public extérieur, comme un gendarme, il conseille la résistance purement passive, c'est-à-dire avec protestation.

IMPRIMERIE ANTH. BOUCHER, RUE DES BONS-ENFANS, N°. 34.

www.ingramcontent.com/pod-product-compliance
Ingram Content Group UK Ltd.
Pitfield, Milton Keynes, MK11 3LW, UK
UKHW021518260726
13993UKWH00004B/1749

9 782329 171920